向人生提問的藝術

ROLF DOBELLI

FRAGEN
AN DAS LEBEN

《思考的藝術》
暢銷作家
魯爾夫·杜伯里
著

王榮輝
譯

人生充滿問題，
你要怎麼回答？
每天，從真誠地回答一個問題開始，
透過不斷地反問，
看見日漸清晰的生命輪廓。

如果空氣需要付費，你會不會因此少呼吸一點？
你是自己思想的警衛還是囚犯？
你會用哪句話當作你的自傳結語？
你的墓誌銘上該有多少真話？
你死後，人們還會談論你多久？
如果可能的話，你會不會雇用你的上司？
你的婚姻就像一個停車位？
你會推薦上帝去上哪些管理課程？
你的良心還堪用嗎，或已經要報廢了？
如果你的事業銳不可擋，哪裡找得到煞車？
什麼是不容置疑的？
吞一顆維他命可以增加幾分鐘的生命？

目錄

你確定你知道是什麼讓你幸福？

幸福

Glück

如果幸福的人必須為自己擁有的幸福納稅，這世界會不會公平一點？

✧

如果要你和別人交換自己的人生，條件是不管好壞都得接受，你願不願意？如果不想，你怎麼能說自己不幸福？

假如你很幸福，你會炫耀自己的幸福，還是會去關心那些不幸的人？

如果生命的意義主要是由那些讓你感覺不幸的事件所構成，你願意接受它嗎？

有多少自認為幸福的人確實幸福？

如果你能夠脫離自己的軀體，你想鑽進哪個人的皮囊裡？

如果你把生命視為禮物，打開這份禮物後，你能不能由衷感謝？

你需要一個讓自己不幸的理由嗎？如果你真的找到了，會覺得沒那麼不幸嗎？

和一群確信自己找到人生意義的人共度一整晚，能否讓你感到快樂？

你是不是還在尋找人生的意義，或者，你已經發現人生毫無意義？

讓別人幫你填樂透號碼，結果有差嗎？

「動物不會自殺」，你會因為這個事實而得出動物比人幸福的結論？

假設你會水上飄，你會選擇走哪條路？

你上一次駐足欣賞一朵花是在什麼時候？

你是不是經常在實現目標後才發現，
那其實是別人要你做的事？

生活策略

Lebensstrategie

截至目前為止，你為了什麼而活？

✧

截至目前為止，你做了許多生活計畫，確實執行的機率有多高？

你是不是期待演出一場個人的復活秀？

從幾歲開始，你不再把命運的責任推給父母，或者你到現在還這麼做？

在你的人生中，多少次試著重新開始，又有多少次是真的成功的？

你願意為一個新的開始承受多少附帶的損害？

人生中有太多可能，如果減少一點可能性，你會不會比較認真地看待那些可能？

有多少次，你花費好大的力氣從原本的生活中出走，卻發現自己只是轉進下一個小房間？

✧

偶爾會有這種狀況，如果你的人生道路恰巧與一條主要幹道交錯，你會讓別人先行，還是寧可冒著撞車的危險直接闖過去？

✧

你的人生道路上，有沒有哪裡豎立著「禁止進入」的路標？

✧

你是不是很擅長闖過內心的邊界、突破自我，還是說，只要碰上海關要你出示你根本就沒有的護照，你就已經闖關失敗了？

✧

你有什麼值得別人為你豎碑紀念的理由？

✧

你改變外力與環境，還是外力與環境改變你？

✧

對於新的事物，你能否毫不執迷，乾脆地放手？

✧

如果沒有你，那麼，除了你這個人之外，世界還會因此少了什麼？

金錢
Geld

如果空氣需要付費，你會不會因此少呼吸一點？

有沒有哪個有錢人，只是因為他富有，你就對他感興趣？

✧

你覺得，當擁有的財富超過幾百萬，因為我們得花時間心力去理財、保護財富，有錢的好處會開始遞減？

你會不會羨慕窮人？

✧

你覺得給小費合理嗎？

✧

你覺得給醫生小費合理嗎？

✧

在一場晚宴中，如果有人討論到股票型基金的未來前景，你要怎麼裝出興致高昂的樣子？

✧

你是否為嫉妒所苦？是別人嫉妒你，還是你嫉妒別人？

✧

因為別人的不嫉妒而嫉妒，是不是特別可憐？還是說，這很容易被理解？

✧

如果有人送你一張電影票，可以挑其中一部電影觀賞，在《洗碗工變身百萬富翁》，和《百萬富翁變成洗碗工》之中，你會想看哪一部？

✧

為了逃稅而寧可住在環境糟糕透頂的地方，你對這樣的人會有好感嗎？

✧

你要當一個有錢的乞丐，還是寧可做一個貧窮的王侯？

✧

當你施捨金錢給乞丐時，你會根據他從別人那裡乞討得來的金額，決定要給他多少錢嗎？

✧

一個人至少要有多少積蓄？

✧

你有沒有料到，富人會以自身的財富來換取旁人更多的好感？

✧

哪裡有可以讓人交易內在與外在財富的場所？

✧

一隻會下金蛋的雞，牠的保險金額應該有多高？請你根據目前的金價大略推估。

如果你的醫藥費比你繳的健保費還貴，你會比較開心嗎？

年齡 Alter

哪件事會先發生？

（一）你不把年輕人當回事。

（二）年輕人不把你當回事。

你要如何說服上帝，好讓祂允許你的人生能晚一點退房？

✧

如果你能活到很老，你會想要活到平均壽命就好，或者希望自己是個例外？

✧

當你看見輕盈、活力、朝氣蓬勃的年輕人，或許是見到他們坐在草地上，嘴裡叼著草稈，指手畫腳、有說有笑，彷彿陶醉在沒什麼不可能的自信裡，你會不會感到嫉妒？

還是你能夠自我安慰，不迷失在幻象裡？

✧

你願意付出多少代價，好讓自己重溫這種感覺？

✧

什麼可以賦予你權利，讓你在未受邀的情況下，挨在年輕人身邊，感受他們對生命的熱情？

幾十年前的你曾經是顆無腦的卵細胞，你會因為自己曾以這種形式存活而感到不安，或這一點反倒會增強你的信心，相信自己將有一番作為？

✧

你覺得年齡增長與性格成熟是否有正相關？

✧

多年來，你經常路過一棟漂亮的房子，三不五時會夢想自己住在裡頭的樣子。有一天，這棟房子忽然要出售。於是你開始考慮、盤算，並且與銀行初步磋商。正當屋主有意將房子賣給你，你卻感到猶豫、裹足不前。你不確定自己是否負擔得起這棟房子。最後你選擇繼續住在自己狹小的租屋裡。如果三十年後你發現，當初買下那棟房子並不會構成日後的生活壓力，你會不會懊悔，當初可以幫你圓夢的那筆錢，就要在自己完全沒享用到的情況下，流進繼承人的口袋裡？

✧

你內心的黑暗面會隨著年齡增長還是減少？

你希望無病無痛，直到人生的最後幾年，病痛才如炸彈般一次引爆？還是寧可像現在這樣，讓病痛像從槍管射出的小子彈一樣，平均分布在人生的歲月裡？

✧

跟年輕女性在一起，會讓男性自覺變得年輕？或是會更清楚地意識到自己的年紀，反倒覺得變老了？

✧

如果所有的人都以相同的方式死去，你會覺得好過一些嗎？

✧

在你看來，幾歲之後還在搞政治是很不可取的，
因為後果不會影響到自己，而是由別人承擔？

政治
Politik

假設有個世界政府：
在你看來，當今還在世的政治人物之中，哪位最適合出任世界總統？

✧

你所關心的議題中，有多少是不傾向左派也不傾向右派的？

你最近一次改變自己的政治傾向是在什麼時候？（請以年齡作答）

你認為這種「持之以恆」是一種成熟的表現嗎？

✧

你可以和改變政治觀點比更換人生伴侶更頻繁的人交往？

✧

你寧可繳稅，還是願意為自己所享用的每項服務（例如使用道路、交通號誌或公園板凳等等）分別付費？

✧

對於政治人物嘴巴上說願意負責，實際上卻戀棧官位的行為，你有什麼看法？

✧

你想不想要擁有某種特異功能，可以聽見政治人物隱瞞不說的事，從此不必再聽他們講廢話？

在地緣政治中，你站在哪一邊？

✧

如果春天到了，植物卻都不長新葉。假設你是個政治人物，會有什麼具體作為？

✧

受過高等教育的政治人物所做的決策品質真的比較好嗎？

✧

你家的財政大權由誰掌控？

✧

你至今還相信民主是有用的嗎？

✧

如果你是位開明的國王，你會心甘情願地實行民主嗎？請用關鍵字敘明理由。

✧

當你在慕尼黑啤酒節或實境秀節目中見識到民主體制下的選民水準，有什麼能夠讓你繼續相信民主？

✧

你想過嗎，萬一這世上沒有弱小，世界會變得多複雜？

✧

如果旅程本身就是目的地，就得看踏上路途的人是朝向哪個方向？

人生 Leben

在過去兩年中，你曾經為了讓自己的心靈與時俱進而做過什麼？

✧

你喜歡自己的名字嗎？

你是否贊同，當一個人成年後，可以像自主決定其他大小事情一樣，自由選擇自己的名字？

✧

你的生命裡是否存在著一些會一再弄傷自己的碎片？是什麼阻止你將它們拋開？你是否希望，有朝一日，能將這些碎片復原如初？

✧

你會發給上帝什麼樣的期中考成績單？

✧

（一）總是令我們滿意地完成所交付的工作。
（二）令我們滿意地完成所交付的工作。
（三）總是全力以赴。
（四）透過便民的方式，很快就能聯絡上。
（五）因原創的思路而受人矚目。
（六）永遠不必受懲罰。
（七）祝福祂在迎接新的挑戰時一切順利。

對你來說，白天是不是很難熬？

✧

假設你是一本小說裡的配角，而這本小說是高中畢業考考試範圍的一部分。你認為，高中生們會如何描述你這個配角？請試著用一句話來作答。

✧

該怎麼播報你目前的人生道路路況？

✧

對你來說，和動物說話並不是一件難事？

✧

你試了多久才能不以評論的方式，客觀地觀察別人？

✧

在（一）工作方面，（二）私生活方面，（三）道德方面，你踩在腳下的冰有多厚？請以公分為測量基準作答。

✧

假如有人要幫你寫一本完全忠於事實的傳記，你願意推薦自己的這本書嗎？

哪件事會發生的比較快：讓別人進入你的生活，
還是將別人甩出你的生活？

他人
Die Anderen

如果有人靠你太近，你比較怕別人在你身上發現什麼，還是比較擔心自己會在別人身上發現什麼？

✧

當眾聲沉寂時，你會同樣保持沉默，還是認為自己有義務促使他人發聲？

你是否數得出，至今為止，自己握過多少雙手？說個大概的數目即可。

其中有多少雙手讓你感動？

有哪些人的手是你絕不會去握的？

你能夠接受這世界上有數十億人同樣認為自己是宇宙的中心？或者，你寧可認為這世上只有一個客觀的中心？

你感受過多少人情的溫暖，又給過他人多少撫慰？這樣的狀態是如何隨著歲月的歷練而形成？

如果你努力迎合別人，別人卻不願意投桃報李地迎合你，你會做何感想？

✧

哪些人的人生你寧可知道得愈少愈好？

✧

你有多常因伴侶的人格特質（他／她對此無能為力）而批評對方？

✧

你喜歡別人多過於喜歡自己？

✧

百年之後，人們會怎麼稱頌你們這一代？

✧

你是否會根據他人對你的稱讚，來衡量你對他人的稱讚？

✧

你會不會擔心自己下輩子還得碰上人際關係的難題？

你會不會因為自己並不完全知道他人對你的看法而感到慶幸？

你的婚姻就像一個停車位？

婚姻
Ehe

廁所的衛生紙用完了，你會順手補充新的，還是把這項工作留給另一半？

✧

看著熟睡中的配偶，你的腦子裡會想到什麼？

✧

在過去幾年中，你在配偶身上找到了更多的優點，還是更多的缺點？

✧

對於婚姻問題，你會求治標還是治本？請舉例說明自己的態度。

✧

請你用關鍵字描述自己婚姻的策略性目標。

✧

當你的配偶想和你談談心，卻又提不出什麼具體的話題，下列反應何者為錯？

（一）建議聊個實際一點的話題，例如改建廚房、小孩的成績或垃圾回收等等。

（二）表現出被某座山峰所吸引，若無其事地逕自聊起這座山峰的事情來。

（三）認為你們需要一個談話主題，才能進行有意義的討論，因此，你請求配偶務必想出一個話題。

（四）引述沙特（Jean-Paul Sartre）、齊克果（Søren Aabye Kierkegaard）或其他某位主張「存在的荒謬性」的哲學家的思想，希望藉此讓對方明白，雖然這是一場意義夠深遠的對話，可是到頭來其實沒什麼用處。

（五）翻白眼。
（六）指出自己是個少說話、多做事的人。
（七）建議你的配偶，這種深談應該在自己的好友圈裡進行就好。
（八）描述一場自己還記得的夢。
（九）（由於這已經不是第一回了）你對這種情況早有準備，於是選了本週哲學脫口秀節目中所討論的一個主題和另一半聊起來。
（十）表達對於世界大戰之前，丈夫忙著在豬圈裡幹活、妻子忙著照顧小孩與家務那種單純生活的懷念之意。
（十一）勇敢地問出：「什麼，寶貝，我們的關係居然還有改善的空間？」

✧

「這不是我的錯，都是荷爾蒙的關係啦。」為什麼妻子可以這麼說，丈夫卻不行？

✧

你的婚姻是否發揮了預期的協同效應？

✧

假設你是在不幸福的情況下結婚：
請問你的婚姻「永續經營」的風險有多大？

✧

你曾經因為財務上的原因而沒有提出離婚？如果是的話，如今的你會對此感到慶幸嗎？

✧

你期待自己的另一半具有哪些個性特質？你又期待自己的寵物具有哪些個性特質？這兩者之間有多大程度是相同的？

✧

在什麼事情上，你無法原諒另一半？
（一）欺騙。
（二）有欺騙的念頭。
（三）覺得你說的笑話不好笑。
（四）挖苦你。

（五）吝於讚美。
（六）在你背後喋喋不休。
（七）未經同意擅自使用你的信用卡。
（八）拖著你去做婚姻治療。
（九）怠慢家務。
（十）將你的醜事外揚。
（十一）任意批評。
（十二）孤立你。

✧

如果你的配偶在你死後不久就找到另一個可以和他／她一起過著幸福日子的伴侶，你會祝福他／她嗎？為什麼？為什麼不？
如果你的配偶在你死後不久就找到另一個比起你來，可以讓他／她更幸福的伴侶，你會祝福他／她嗎？為什麼？為什麼不？

你是自己思想的警衛還是囚犯？

思想

Gedanken

至少要有多少錢，才能確保自己擁有獨立思考的空間？

至少要有多少錢，才能擁有公開發表自己思想的權力？

你會親自將每個想法從頭到尾思考一遍，還是會把這些事情留給別人來做？

✧

人們經常在洗澡時萌生最棒的點子。
那麼你最糟的想法又是從什麼地方冒出來的？

✧

你喜歡、覺得很不賴的想法必然是有用的嗎？

✧

你會將自己的思想視為財富嗎？
如果會的話，你認為它值多少保險金？

✧

當你和自己說話時，你會聽到幾個內心的聲音：（一）一個，（二）兩個，（三）三個，（四）超過三個？如果有多個聲音，它們是和諧的、混亂的，抑或只是一陣哄堂大笑？

你很尊重他人的想法嗎？這樣的尊重是基於想法的內容，還是基於他表達想法的方式？

✧

萬一你想不出什麼點子，你有沒有考慮過用人為的方式來「施肥」？

✧

你絕不會有哪些想法？

✧

你看得出你的成功與你對成功的想法有何關聯？

✧

你希望能有一個這樣的世界嗎，在那裡，一切想像都是可能的？

✧

你的思想是不是也有益於與左鄰右舍維持良好的關係？

✧

你有多常承認自己有所不知？

✧

你認為，在你所有的想法中，哪個想法最能永垂不朽？

✧

一般來說，在被其他想法取代之前，一個念頭會在你的腦海裡盤踞多久？

✧

拿家庭垃圾與思想垃圾相比，哪個比較容易分類？哪個比較容易回收？

運動 Sport

你是因為好玩，還是經過理性判斷才去運動的？

請舉出中古世紀最重要的一些運動選手？

✧

如果你總是強迫自己固定運動，你會不會覺得，那些不做運動的人應該要比你短命？

如果做運動除了消耗卡路里以外，還能消除像是核廢料之類的東西，你在運動的時候會不會覺得心情安慰許多？

✧

假設你的瘦身運動不但可以減掉自己多餘的體重，還能減掉另一個人多餘的體重，你會將這份瘦身禮物送給誰？又或者你會考慮把它放到拍賣網站上供人競標？

✧

用下列哪種運動來比喻你的婚姻最為貼切？

（一）網球。
（二）短跑。
（三）馬拉松。
（四）花式溜冰。
（五）小口徑步槍射擊。

✧

你在運動方面擁有的最好成績是什麼？或者你認為自己還沒寫下最好的成績？

✧

請你扼要說明，為什麼健康的青年男女們會認為，將他們人生的黃金歲月耗在踩著滑雪板，盡可能迅速地從雪坡上滑下來，在標竿之間穿梭是有意義的？

✧

運動明星有什麼資格代言一些與他們所從事運動毫不相關的產品，例如咖啡機或保險？

✧

在運動方面，什麼事最困擾你？

（一）流汗。
（二）耗費時間。
（三）肌肉痠痛。
（四）運動傷害。
（五）其他的運動者。

（六）競爭的本質，也就是很容易在成績上分出高下（就連在健身中心或健行時也是如此）的這項事實。

✧

為什麼《聖經》裡對運動隻字未提？

✧

你是否願意讓自己最欣賞的運動播報員實況轉播你人生中的某一天？

✧

有多少死者會在臨終前感嘆，有生之年應該多運動？

言語

Die Wörter

假設每個字值一角，這將會對一般交談、書籍或報章雜誌文章及脫口秀的品質造成什麼樣的影響？

為什麼簡單的表達會這麼複雜？

有多少次，我們必須先靜下來才能認真地回答？

假設我們的人生是一場超大型的脫口秀。你對自己的言語是否滿意？你後悔自己曾講過了哪些話？你是不是有些說出口後至今仍無法釋懷的發言，如果有的話，是哪些？

✧

你希望別人能多多傾聽你的發言，即使你沒有什麼特別要說的？

✧

有沒有觀察過，你所飼養的狗有多精於狗際之間的溝通與交流？

✧

你有多常在自己不想講電話的時候假裝收訊不良？

✧

你有過不想和任何人說話的時候嗎？在那些日子裡，就算自言自語也嫌吵雜。

✧

你寧可多說話還是多保持沉默？

✧

你會因為自己的臉部表情不由自主地流洩出情緒反應而感到困擾？

✧

在你看來，別人怎麼想你，跟別人怎麼說你，哪個會比較糟？

✧

你會向別人隱瞞自己的什麼？

✧

如果你隱瞞的那些事情被公開，會有多危險？

✧

閒聊要到多麼無關緊要，你才會想要參與？

✧

假設我們不是呱呱墜地，而是在出生之際說出一句話，你最想在人生開始的時候說些什麼？請以完整的全文作答。

✧

你所說的話有多少必須加上引號？

✧

如果真的沒什麼話可說，你可以沉默多久？

成功 Erfolg

你比較慶幸自己所成為的，還是比較慶幸自己未成為的？

如果你親眼見證自己的成功，會不會更有成功的感覺？

✧

在你看來，一條狗會為牠主人的成功感到多麼驕傲？

✧

當你成功時，你會因為總算可以放鬆而如釋重負，還是因為期待升高而頓覺壓力更大了？

每個成功都是努力加上偶然的結果。假設我們可以確定偶然在成功中所占的比例，有什麼理由可以反對就這部分課徵百分之百的稅？

蹇運和幸運是由誰來分配的？如果你不相信世間存在著至高的權威，那麼，偶然是根據什麼規則在運作？你是否願意如同服膺一位酒醉的法官那樣，服膺它的安排？

你還有想要達成的成就嗎？是什麼？

人們總是想從A進步到B。可是他們要如何先到A？請借助示意圖加以解釋。

假設你錯過在三十歲賺到人生第一桶金的機會，那麼你的B計畫是什麼？或者，你已經擬定到Z計畫了？請在計畫中附上年齡說明。

✧

你把希望埋葬在哪裡？你會經常去探訪這些希望的墳墓嗎？你又是不是經常可以讓這些希望死而復生？

✧

如果你總是一再失望：
為什麼不調整一下自己的期望？

✧

隨著年齡增長，你是不是愈來愈擅長於避免或處理失望？

✧

如果有人將你擊倒，你寧可摔得快一點，重重地摔倒在地，還是希望跌得慢一些，在跌落的過程中，有多一點時間能把周遭看清楚，然後再輕輕地摔倒在地？

你會自動自發地遵守道德規範？

道德
Moral

在你看來，一個正義的世界應該是什麼樣子？

✧

如果這個世界變得更正義，你是會受益還是會受害？

你想要比一般人看起來更有道德？

✧

有兩位登山者，一位不慎掉進冰河裂隙裡，你可以找人來救他，可是你卻見死不救，最終這人不幸罹難；另一位則是被你推進冰河裂隙而死。請問，這兩種行為，哪個比較嚴重？為什麼？

✧

請你根據正義的程度，由強到弱，為下列事物排序：

（一）聯邦法院。
（二）上帝。
（三）強者。
（四）偶然。
（五）公眾。
（六）命運。
（七）市場。

一個好人也必須是明智的人嗎？換句話說，他的善良必須是有目的與計畫的？還是說，即使沒有這方面的意識，只要具有善心，我們就可以稱他為好人？

✧

如果能像投資科技發展那樣，在道德發展方面也挹注許多金錢，你覺得，我們能否因此獲得一個更美好的世界？還是只會得到更多的書而已？

✧

你是否會在「第三帝國」（譯注：Dritte Reich，指納粹德國時期）裡謀求發跡、升遷？（一定會／可能會／絕不會）

✧

假如你知道人們日後會變成什麼樣子，你會不會在希特勒還是個嬰兒時便將他殺死？

✧

如果不會，你會等到他幾歲才動手？請說出一個確切的年紀。

下列何者的重量比較重：
（一）你曾經做錯的事。
（二）你沒有做過的事。

✧

「……正如我們也要寬恕有負於我們的罪人。」
具體來說，我們要如何做到這一點？

✧

你願意負責執行一個不是由你決定，甚至你覺得有異議的決策嗎？

✧

你會因為踩死一隻螞蟻而良心不安嗎？如果踩死了十隻呢？要殺死多少隻以上的螞蟻，你才會做惡夢？

✧

你會根據哪些事情來衡量自己的價值？

上帝
Gott

你會推薦上帝去上哪些管理課程？

從上帝從不主動現身這件事來看，你會如何評價祂的社交能力？

✧

為了讓上帝確實能有機會幫助你，你覺得，祂得要多深入了解你才行？

多年來，聽慣某位廣播節目主持人的聲音之後，如果有一天你碰巧在某本雜誌上看見他的照片，會不會因為這位主持人的長相與你所想的大相逕庭而驚訝不已？

✧

如果你也很熟悉上帝的聲音，那麼上述情形會不會也同樣發生？

✧

如果上帝想在你家的地下室開設分支辦事處，你覺得應該要收取什麼當作租金比較合適？

✧

假設你必須接受最後的審判。你會請誰擔任你的辯護人？

（一）你所熟識的王牌大律師。
（二）你的神父／牧師。
（三）你的配偶。

（四）你的子女。
（五）你的岳母／婆婆。
（六）你前不久才在他的帽子裡投了兩歐元的一名乞丐。
（七）你的寵物。
（八）誰也不找，親自披掛上陣。

✧

你覺得，死後世界裡的酒至少要獲得多少「派克評分」（譯注：Parker Point，簡稱PP，評價葡萄酒的方式之一），你才會認同那裡是天堂？

✧

對於上帝決定將世界造成這副模樣，而不是其他樣子，你有什麼感想？

✧

你覺得，上帝是根據什麼原則來決定自己日常工作的優先順序？

✧

你覺得，上帝是如何應付長期持續性的壓力？

你常試圖藉由一項交易來影響命運嗎？像是「如果我能被選為董事，我將把自己所增加收入的十分之一，捐給發展中國家的兒童」之類的。

✧

你的交易被命運所接受的比例高嗎？

✧

你有多常確實地支付自己提出的交易對價？

✧

為何上帝從不公布自己的失敗經驗？

✧

上帝花了六天的時間來創造這個世界，在第七天休息。就「工作、生活、平衡」的觀點來看，你對上帝的一週安排有何評價？

身分
Identität

你會用哪句話當作你的自傳結語？

你小時候曾經因為遺傳到哪些特質而深受困擾？

✧

你是否因此有罪惡感？

在你看來，「出生為人」最吸引人的地方是什麼？

✧

誰是你在真實生活中最喜歡的演員？

✧

如果有人一直盯著你的眼睛看，在你望向別處之前，你能撐多久？
在這場眼神交鋒中，獲勝的會是你還是對方？

✧

如果你必須服用下列藥丸中的一種，你會選擇哪一種？
（一）防止倒楣的藥丸。副作用：你的朋友們將離你而去。
（二）提高智商的藥丸。副作用：喪失反射作用。
（三）防止老化的藥丸。副作用：再也沒有目標。
（四）保持內在平靜的藥丸。副作用：你會捲入一場（外在的）戰爭。
（五）永久保持對生命的熱愛的藥丸。副作用：長期失業。

（六）讓你長年持續睡眠的藥丸。副作用：做些有意義的夢。

（七）沒有副作用的安慰劑。

✧

如果你必須和一位與你個性完全相反的人會面，你要如何做準備？

✧

在你看來，這樣的會面有意義嗎？

✧

你是否想要改變自己的生活？如果是的話，為什麼：

（一）厭倦舊生活。

（二）期許新生活。

✧

你可以在沒有從中得出必要結論的情況下應付多少麻煩？

你什麼時候開始放棄與他人相較？或者，你現在還會這麼做？

✧

哪件事較常發生？

（一）為了不質疑自己，你質疑他人。

（二）為了不質疑他人，你質疑自己。

✧

假如人們打算在首都市中心的某個廣場上，樹立一座紀念「普通人」的雕像（就如同紀念「無名將士」的墓碑一樣），並邀請你擔任這座雕像的模特兒，你會答應嗎？

你可以什麼都不想嗎？

Denken
思考

一週當中，你會運動幾次，或進行另一種像思考這樣辛苦的活動？

✧

你希望自己能夠擁有更深刻或比較具有原創性的思想？

✧

是不是有些決定，在你在做決定的當下就已經知道它們是錯誤的？

✧

你如何對待那些自知愚蠢的人？你如何與那些蠢到不曉得自己有多蠢的人來往？

✧

面對腦子裡的各種想法，你總是友善開明？

✧

你會不會只把某些想法告訴某位女性？那是什麼想法？

✧

你喜歡自由意志的什麼？

✧

你是否相信這個說法：「自由意志並不存在，事實上，我們的思考與行為只不過是大腦中一些化學過程的結果。」

如果不相信，為什麼不相信？如果相信，你還會非難那些殺人兇手嗎？為什麼？

你常去的超市架上有多少種待售的優格？選擇必須多到什麼樣的程度，你才會喪失決定的能力？

✧

一個顯而易見的決定是決定嗎？

✧

如果一直到你臨終前，你相信了一輩子的某件事才被證實是錯的。你寧可（一）有人在你臨終前告訴你這件事；還是（二）就讓你繼續抱持錯誤的信念往生？

✧

那些外表看起來謀定而後動，但其實並未事事深思熟慮的人算不算是說謊？

✧

你會不會只是因為喜歡發想的人而支持某些想法？

✧

有沒有某些想法，雖然你自己並不喜歡，可是那些點子其實還不賴？

✧

你知道自己的智商有多高？如果不曉得，那麼你覺得自己的智商應該落在多少，你才不會懷疑智力測驗的準確性？

✧

你是用肚子還是腦袋來決定自己究竟該用肚子還是腦袋做決定？

你有很大的朋友庫存量嗎？

朋友
Freunde

你是自己最好的朋友的最好的朋友嗎？

✧

請你先根據利用價值的高低，將自己的朋友由高到低排序。接著請你看一下這份清單，你最好的朋友排在哪裡？

你的朋友當中包含動物嗎？

✧

你有多樂於見到朋友的社會地位上升？或者，多樂於見到朋友的社會地位下降？

✧

下列何者是你在經營虛假的友誼時特別重視的？

（一）維護費用相對較少。
（二）情感交流成本低。
（三）可以從中彰顯自己的社會等級。
（四）反正對方並不是真正的朋友，可以相對較客觀地批評他。
（五）由於對對方沒有什麼期待，因此經常會喜出望外。
（六）可以無上限地結交那些不是真朋友的朋友。

✧

有多少假朋友後來弄假成真，這樣的關係是如何在人生過程中發生轉變？

誰是你的假朋友？

✧

當維持友誼的主控權全都操控在你手裡，一段友誼可以維持多久？

✧

你有沒有那種朋友，幾乎不相往來，卻還是彼此的好朋友？

✧

當友人以「我的朋友」來問候你時，這樣的措辭在多大程度上鞏固或削弱了彼此的關係？

✧

對你來說，有趣的朋友與有趣的敵人，哪一個的數量比較多？

✧

如果你的某位老朋友想來拜訪你，但你不是很想接待他，你最常用什麼藉口？還是說，你會像難免會碰上壞天氣那樣，勉為其難地接待他？

✧

萬一友誼破裂，是否值得投注心力修補？還是說，建立一段新的友誼其實會更有效益？

教育
Bildung

教育會使人幸福嗎？

如果一個社會當中，有更多的人去讀大學，這個社會會因此變得比較明智嗎？

承上題，是否至少會因此變得比較好？

你會同意將自己所具備的學識傳給誰？

✧ ✧

教育對你而言代表什麼？（請刪去你不認同的答案）

（一）記住許多戰爭的年份。
（二）滿架子的書。
（三）對於所有人與事的看法。
（四）聽歌劇和古典音樂會。
（五）引述偉人的名言。
（六）從沒有關聯的地方看出關聯。
（七）在前人中尋找典範。
（八）缺乏造短句的能力。
（九）言談中夾雜外來語。
（十）沒有現實理由的悲觀主義。
（十一）背誦賀德林（Friedrich Hölderlin）的詩句。
（十二）收看深夜的脫口秀節目幫助入睡。

（十三）循環的世界觀，換言之，相信一切會一再周而復始。
（十四）人們會相信，他們自己曉得什麼才是正確的。
（十五）人們會質疑一切。
（十六）人們會質疑自己。
（十七）拙於手工藝。
（十八）跳過體育版。
（十九）浪費在許多無關緊要的思想上。
（二十）雙倍的半調子。
（二十一）人們會用「不僅……而且……」來回答每個問題。
（二十二）了解自己的渺小。

✧

如果以上皆非，那麼，在你看來，什麼才是教育所代表的意義？

✧

你希望接受更多的教育，還是選擇捨棄自己接受過的一部分教育？

✧

如果所有的人都受過教育，這個世界會不會變得比較好？還是說，有些人沒有受過教育，這一點對社會總體來說其實比較有益，因為這些人可以去從事那些還無法完全自動化的工作？

✧

你能否從車款看出駕駛人是否受過教育？

✧

恐龍存活在什麼世紀？

✧

觀察過去一百年的哲學成就，你認為，我們的社會還需不需要哲學家？如果答案是否定的，那麼我們能否將「哲學」一詞讓給行銷專家或足球教練來使用？

✧

在戰爭中如何表現你的教養？

✧

有什麼事物是別人不加以說明解釋，你反而更容易懂？

✧

我們如何學習遺忘？

你的良心還堪用嗎，或已經要報廢了？

良心

Gewissen

假設你這輩子加諸在他人身上的傷害、惡劣行徑、病痛、謊言與傷痕（簡言之，就是你全部的內疚）都可以用金錢償還：在你看來，這筆清償費用會是多少？

✧

你呼喚良心與良心呼喚你，何者較常發生？

呼叫中心得要具備多大的規模，才能回應你的良心所發出的所有呼叫？

✧

你覺得良心是你的朋友還是敵人？

✧

你的良心所提供的服務值多少錢？如果能把自己的良心外包，你會收取多少服務費？

✧

為了避免失去他人對你的信任，你得多常保持沉默？

✧

在自己能有所行動的前提下，一個人最多可以擁有多少良心？

✧

如果可以選擇，你寧可受到一個大的良心譴責，還是許許多多的小的良心譴責？

✧

你對擁有清清白白的良心的人多有好感？

✧

你比較容易原諒自己還是原諒別人？

✧

你要如何解釋，一位事不關己的第三者（上帝）居然可以寬恕你對他人所造成的傷害？（一）身為罪人，（二）身為受害者，你認為這樣公平嗎？

✧

假設你可以扮演一回這位事不關己的第三者，你會寬恕哪些罪過？

✧

大自然有良心嗎？

✧

為什麼乳牛不會內心交戰，人類卻會？

你希望能有一份官方證書，證明愛情的真實性？

愛情 Liebe

你是個純粹的愛情消費者，還是純粹的愛情生產者？

✧

假如你獲得的愛多於你付出的愛，你會因此將自己視為贏家？

如果這個世界是公平的，你有權得到多少愛？是更多，還是更少？

如果你跟某人相約共享一場浪漫的約會，後來卻發現自己並不愛對方，你會在什麼時候向對方坦承這一點？

（一）喝完開胃酒之後。
（二）吃完前菜之後。
（三）吃完主餐之後。
（四）吃完甜點之後。
（五）第一次上床之後。
（六）分手之後。

你曾經幻想自己在戀愛嗎？

你願不願意拿愛情的長度來換取愛情的強度？

✧

反對愛情的論點是什麼？請你舉出三個主要的反對理由。

✧

愛人與被愛，你比較想要哪一個？

✧

我們必須以何種方式去愛一個我們永遠不想占有的人？

✧

愛情對你而言是否是種可再生能源？

✧

你相不相信無條件的愛？也就是說，在那樣的愛情裡，你不但可能被利用，還得一直愛著利用你的人。

請試著描述與多年前愛過的人不期而遇的感覺？

✧

你如何清除一場轟轟烈烈的愛情所遺留下來的灰燼？你是否會把它們視為污點？

✧

你希望有另一個人能讓這堆灰燼再度發光發熱嗎？還是說，這是你最不想要見到的？

✧

假設愛情是由時尚或某種穿著風格所觸發，你想用其他的什麼觸媒來取代它？

✧

為了不被愛，你會做些什麼？

情感
Gefühle

什麼感覺會告訴你，自己的感覺是對還是不對？

你是否羨慕某人的感情生活？

✧

何處是情感的司令部？

（一）肚子。
（二）心。
（三）腦袋。

✧

你要如何解釋，人類談論心靈談了三千多年，卻從未像物理上發現比原子核小上千倍的基本粒子那樣，發現心靈？

✧

我們必須將哪些情感套上指數？

✧

假設百年之後，拜科技之賜，人類的生活可以完全免於苦痛，換言之，可以過著「極樂」的生活，你贊不贊成用人為的方式製造些許苦痛，藉以保存某種程度的人性？原因為何？

✧

第一次遇見你的人會有什麼感覺？

你從誰的身上學會如何處理自己的情感？或者，你到現在還在尋找老師？

你希望自己有多少同理心？請你在百分之百（你與他人在同樣的事情上感受到同樣的強度）與零（你完全感受不到）之間給定一個理想的百分比。你又期待他人給予你多少百分比的同理心？

愈有同情心的人是愈好的人嗎？

你能夠壓抑自己的一時衝動？

你和你的配偶，誰比較習慣閉口不談感情？

✧

什麼時候不值得表露情感？

✧

什麼時候值得表露不存在的情感？

✧

你覺得罪惡感有助於贖罪嗎？還是你覺得，背負罪惡感比請求原諒來得容易多了？

✧

如果你的情感可以由專業供應商負責供應，藉以取代個人的「DIY」，這麼一來，可以有效控制情感嗎？

工作 Job

你所表現的和你所隱藏的，哪個對你的事業比較有幫助？

你的空中樓閣需要多少工作人員來維持運作？

✧

誰從誰的身上學到更多：

（一）你從你的老闆身上。
（二）你的老闆從你身上。
（三）你們誰也沒有學到些什麼。

✧

你認為，你的老闆會怎麼回答上述問題？

✧

你刻意不去開發哪些提高效率的潛力？

✧

在工作上，權力解決了什麼問題？

✧

如果有人在業務上表現出弱勢，你覺得自己是否也有必要示弱？如果是的話，那麼要如何表現？

✧

和你居住的地方相比，你工作場所的氛圍如何？

✧

你認為「負責」是一件辛苦的事嗎？如果可以選擇，你願意在下星期擔任一週認真負責的主管，還是會選擇當一週備受呵護的寶寶？

✧

談判時，你會追求什麼目標？

（一）獲勝。
（二）讓談判對手認為他贏了。
（三）讓談判對手認為，是他令你相信你贏了。
（四）找出一個折衷方案。
（五）社會互動——無論得出什麼結果。
（六）光是能夠參與談判，就足以讓你臉上有光。

✧

你在多大程度上是自己心魔的外顯？

✧

當你在考慮事業的下一步，或遲疑著不知道該雇用哪個員工時，幹嘛不用丟銅板的方式來決定？

✧

你如何整理心中堆放問題的場域，好讓自己能夠更理性地管理問題？

✧

下列何者會做出最好的決定？請你根據決定的品質優劣，從好到壞依次排序：

（一）醫師。
（二）政治人物。
（三）經理。
（四）演化。
（五）偶然。
（六）最後審判。

✧

你是否認為，花朵也有每週工時不超過三十五小時的權利？

失敗

Scheitern

在你所遭遇的失敗中，有多少失敗確實是災難？

你寧可有個糟糕的開始，還是有個爛透了的結局？

◇

送假的名牌包給妻子當生日禮物，這算不算是一種「人為錯誤」？如果不算，那麼錯誤必須大到什麼程度，你才會將它視為「人為錯誤」？

如果事情會被搞砸，你希望搞砸的方式是你可以想像得到的，還是前所未見？

回想這輩子所犯的大錯，哪些是因為情緒失控，哪些又是因為壓抑情緒所導致的？

以下兩種遭遇，你選擇哪一種？
（一）雖然你這輩子在財富方面小有成就，不過你過世之後就再也沒有人談及你。
（二）雖然你這輩子窮途潦倒，人們卻願意在你死後重金購買你的作品或構想。

為什麼？

如果不考慮你目前的職位，你還有多少「地位」可言？有多少邀請是你再也不可能得到的？

對於「錯誤不會改變過去，只會影響你未來的人生」，你是否感到慶幸？再想到你所剩的日子愈來愈少，你會不會覺得更加慶幸？

✧

活到某個年紀之後，你希望你已經犯遍所有可能的錯，往後只會重複曾有過的過錯，還是你想要犯新的錯誤？

✧

假設你發現到，自己雖然過著幸福的生活，卻並不特別成功，這會讓你的幸福蒙上陰影，還是反而會鼓舞你？

✧

你是否會將「我是真實存在的」這項事實視為某種成功？

你的墓誌銘上該有多少真話？

死 Tod

你認為自己死而復生的機率有多高？

✧

在臨終之際，你想要一邊聆聽自己心愛的旋律嗎？如果想，你想聽什麼音樂？還是光聽心跳監測器持續發出的聲響（它們正在告訴你，你已經知道的一些事情）就已經足夠？

你是否想像過自己死了之後的情景？

✧

假如你可以扮演死神一年，你會根據什麼原則來定人的生死？

（一）隨機擲骰子。

（二）根據道德方面的考量（好人長命）。

（三）你會放棄執行自己的工作（一年之內無人死亡）。

（四）根據請求的急迫性。

（五）根據瀕危者的犧牲意願。

（六）你會嚴格落實相關保險統計的平均壽命。

✧

你認為自己將如何死亡？

✧

你想不想知道自己將如何死亡？

臨終前，你突然知道自己可以不用死了。這時你會做何反應？請你以確切的言詞或姿勢作答。

✧

你死後，你的身體將分解成為蛆、甲蟲或細菌的一部分，想到這個會讓你覺得不舒服嗎？

✧

你希望能徹底地死去，還是能以神話或傳說的形式繼續存在？

✧

你死後，網路上依然流傳著大量和你有關的照片或影片，換言之，你永遠不會真的死去。你會因此感到不安還是欣慰？

✧

作家卡爾・尤里烏斯・韋伯（Karl Julius Weber）選擇以「躺在此處的是我的遺骸；

我曾希望，躺在此處的是你的遺骸」作為自己的墓誌銘。如果你必須為自己的墓碑找一句幽默風趣的話，你會選擇什麼句子？

✧

你期待死後的世界會有什麼以客為尊的服務？

✧

你曾經對死者說過話，例如在病房裡，或是在舉行葬禮的大廳？看著死者，你會說出哪些在他有生之年時你說不出口的話？

宇宙

Weltall

你住的地方還看得到星空嗎？

地球上的幸福是否適合作為外銷熱門商品，輸往宇宙的其他地方？

✧

如果外星文明可以收看到我們的電視節目，你覺得會有多尷尬？

你覺得宇宙有沒有虧欠你什麼？如果有，是虧欠了什麼？

✧

月球的礦藏豐富，開採這些礦藏只是遲早的事。如果由你來決定，將會如何分配月球的領土？

（一）根據每個國家的面積比。
（二）根據每個國家的人口比。
（三）根據每個國家的國民生產總額比。
（四）全部歸聯合國所有。
（五）每個人分得月球表面一平方公尺的土地，其餘的則保留。
（六）以抽獎的方式。
（七）以戰爭的方式。

✧

承上題，你會如何分配宇宙剩下的領土？

你在星空中所觀察到的一切，此刻或許早已不存在了。你會因此覺得不安嗎？

✧

你喜歡「世界是由數十億年前的一場大爆炸所形成」的說法嗎？或你覺得「每個人都是由一場小型的、私人的大爆炸所形成」的說法聽起來會比較順耳？

✧

你相不相信，宇宙在衰亡之前也會先大病一場？

✧

宇宙是否大到不會衰亡？如果不是的話，那要怎樣形容才對？

✧

請你解釋一下，為何世界存在比不存在來得好？你最多可以用十張A4大小的紙作答。

在你看來，上帝是基於什麼原因而創造這個世界？

✧　✧

你覺得，世界的創造者同樣也能將世界毀滅，還是說，毀滅世界需要一股完全相反的力量？

思想世界

Gedankenwelt

你內心隱藏的想法背後，隱藏著哪些內心想法？

你會因為無法閉上內在的眼睛而感覺困擾嗎？

當你傾聽內心的聲音時，會不會經常覺得自己宛如置身脫口秀節目？

你如何阻止自己內心隱藏的想法冒出頭？

你覺得上帝心裡有沒有藏著什麼沒說出口的想法？

一個人要深思到多深的程度，才能讓自己從思想的底部重新開始，向上建構自己的思想？

如果你擁有很大的思想自由，那麼它是別人送給你的，還是你自己將之據為己有？如果是你據為己有的，你是從誰那裡占據來的？

你會不會擔心有一天「由於思想太過自由，以致你根本管不住它們」？

對你而言，想法與金錢，哪個比較重要？

有多少想法是在你構思出它們之前，它們便已存在？

假設你可以更新自己大腦的軟體，你希望獲得哪些新增的功能？

如果一個記憶能夠喚起別的記憶，別的記憶又進一步喚起了其他記憶，依循著這條路一直走到終點，你最後會找到什麼記憶？

你有多大的思想自由？你的思想是否自由到足以切合實際地對此進行評估？

如果你的自由意志可以讓渡給某位被證明富有才能的權威人士，你會不會這麼做？

當你在構思一個與今日世界相反的世界時，你所構想的是比今日更好的世界，還是更糟的世界？

✧

你空想得來的經驗對你而言有多重要？

✧

更多的才華與更好的個性，哪個會讓你受益更多？

Das Gute und das Böse

善與惡

道德對誰有益？

✧

如果你將道德方面的事務外包，你的生活會變得多愉快？

你曾經有過這樣的經驗嗎：為別人做了某些事，但那些事對你一點好處也沒有，甚至就連「自己做了一樁好事」這種令人陶醉的感覺也沒有？

你的良心要壞到什麼程度，你才會將它送進廠裡維修？

如果每個人都很有良心，經濟會不會進步？還是說，這正是一種進步？

誰在道德上居於領導地位？他要如何維護自己的領導地位？

道德與法律，你認為以何者作為規範比較好？

你遵守了哪些你認為是錯誤的法律？

✧

為什麼？

✧

你最欣賞以下哪種人？

（一）勸人喝水，自己喝酒。

（二）勸人喝酒，自己喝水。

（三）勸人喝水，自己喝水。

（四）勸人喝酒，自己喝酒。

（五）完全不勸別人。

（六）只喝酒。

✧

如果有些東西閒置了很久，你也不會再用到它們，你會把這些東西送進垃圾堆還是慈善機構？

你是個既非壞得像惡魔，也沒好得像天使的人，換言之，你被囚禁在小善與小惡的灰色地帶裡。請問你有多麼為這事實所苦？

✧

你的良心是客觀的嗎？

✧

為什麼這個世界上存在著這麼多的惡？你想，原因會不會就出在我們具有的知識太少或太多？

✧

假設告解被證實是有效的，你會建議提供這項服務的教會怎麼收費？會不會有團購優惠？

哪一項自然法則最讓你感到憂心？

自然 Natur

除了我們自身以外，人類不再有天敵。聽起來怎麼樣，令人寬慰嗎？

✧

你願不願意現在就繳交一筆環境費用，藉以換取日後即使做了（或沒做）某些破壞環境的事情，例如從事高山滑雪、沒有做垃圾分類、等紅綠燈時不熄火、沒有隨手帶走空瓶罐等等，也不會感到良心不安？如果願意的話，你打算支付多少錢？

✧

假設你有機會在四季以外發明第五個季節，你會如何設計這個季節？

✧

你要如何解釋，雖然我們曉得遠在宇宙邊緣的星系的運動規律性，卻不了解近在眼前這個將雙手插在口袋裡的人想幹什麼？如果倒過來會不會比較好？

✧

要你舉出景觀特別優美的風景時，腦海裡很少會浮現人造美景。你有沒有仔細想過，為什麼會這樣？

✧

如果盧梭（Jean-Jacques Rousseau）在日內瓦湖畔的森林裡見到了一位裝備齊全的山地自行車手呼嘯而過，你認為他會有何反應？請你編寫一段簡短的對話。

✧

自然與文明，何者可以比較迅速地解決問題？何者做得比較徹底？又哪一個的手法比較殘酷？

✧

你從哪些跡象可以看出，大自然表面上彷彿居於弱勢，實際上卻不然？

✧

看到蜘蛛，你會怎麼做？是把牠打死，還是放牠一馬，想辦法把牠弄到戶外？如果你選擇把蜘蛛移到戶外，那是基於憐憫，或你覺得打死蜘蛛很噁心？如果你選擇打死蜘蛛，那是因為貪圖方便或出於暴虐？

✧

如果當初諾亞只將動物帶上方舟，隨後與妻子一同死在洪水裡，如今的世界會不會比較好？

✧

假設人們得出一個結論，為了讓人類存續下去，全世界的人口必須降至一九三〇年代的規模，亦即二十億人，那麼你要如何減少全世界的人口？

事業 Karriere

如果你的事業銳不可擋，哪裡找得到煞車？

你的人生美景被事業高峰遮蔽了多久？

✧

你曾有過丟臉的經驗嗎？還是說，丟不丟臉其實無關緊要，因為你一直戴著面具？

你身邊有沒有這種人，如果他朝著與目前相反的方向發展，將會更有前途？

✧

一個很有事業心的人要如何調降自己的馬力？

✧

你用「您」來稱呼自己的上司的上司，卻用「祢」來稱呼上帝，為什麼？是在哪個派對上，上帝允許你這樣稱呼祂？

✧

跟自己談判的時候，你有多狡猾？

✧

有人在你的前途上堆起遠超過於你自己所堆疊的石頭嗎？

✧

如果在死後的世界裡依然可以出人頭地，這對你而言很重要嗎？

✧

你所表現出的精力充沛比實際多了多少？

✧

如果創造力需要被課稅，你會不會比較沒有創造力？

✧

在以下哪個地方，你會變成一個秩序控，就像上癮一樣？

（一）廚房裡。
（二）書桌上。
（三）你的電腦裡。
（四）你的腦袋裡。
（五）你的情感裡。

✧

人們必須讓自己變得多渺小，才能成為權力網絡的漏網之魚？

✧

（一）當你被解雇時，
（二）當你解雇他人時，
平均需要進行多久的解雇面談？

✧

如果人生也有正式的解雇面談（包含寫封推薦信），你覺得這樣OK嗎？如果OK的話，在你的面談個案中，有哪幾個要點是不可或缺的？

你認為，在你死後，人們還會談論你多久？請以週為單位計算。

死亡
Sterben

取什麼樣的電子郵件位址名稱會比較適合你死後的生活？

✧

活到現在，是什麼阻止了你自殺？

（一）可以預期的鄉民八卦。
（二）你所愛的人。
（三）直到自然死亡為止，可預期的幸福純利。換言之，是以理性的成本效益計算。
（四）上帝的旨意。
（五）對於年少輕狂的回憶，希望有朝一日自己或許還能重燃那樣的輕狂。
（六）擺在你書桌上的子女照片。
（七）高山、花朵或大自然的美麗景致。
（八）你不確定自己該如何動手。
（九）一首詩。
（十）你還得潤飾的遺書。

✧ ✧

你的寵物要如何面對你的死亡？

你有沒有想過，死亡可能對你的來生造成不小的創傷，所以下輩子得去接受心理治療？

你是否相信可以回到前世？

✧

也許你已經回去過了？

✧

死者歸誰所有？

✧

（一）親屬。

（二）繼承人。

（三）上帝。

（四）教會。

（五）墓園的所有權人。

（六）國家。

（七）全人類。

（八）宇宙。

（九）蛆。

你就快掛了，人們還在你身邊批評你，你可以接受這個嗎？如果不行，你覺得，在往生前的幾天、幾個月或幾年之內，所有批評都必須噤聲？

✧

在你臨終前，你會如何留下自己「不在辦公室」的訊息？請回答精確的訊息內容。

✧

就算沒有死亡，會不會人們有朝一日也會覺得自己已經活夠了？

✧

你如何填滿死者所留下的空虛？你又如何挪出空位讓新生者來填滿？

✧

有沒有一間圖書館，能夠保留字裡行間的所有意思？

字母
Buchstaben

有多少書籍，你寧可讓樹木保持原貌，也不願見到它們被印刷成紙？

✧

如果有一本無聊的書，在讀了多少頁之後，你會決定將它束之高閣？

你希望能夠快速地閱讀，還是仔細地閱讀？

✧

如果你在閱讀時跳過某些章節，是否會因此覺得自己背叛了作者？

✧

如果你知道作者會在你閱讀時看著你，你還會不會跳過某些章節？

✧

在求學期間的必讀讀物中，有哪些是你日後曾經主動再翻閱過的？

✧

你有沒有燒過書？如果沒有，那你有沒有燒過信件？如果也沒有，那筆記呢？請問你焚燒文字的底限為何？

✧

有沒有什麼言語是你的心理支柱，如果沒有它們，你便可能喪失活下去的力量？

✧

你比較偏好以下哪一種人？為什麼？
（一）有策略地使用言語的人。
（二）有策略地使用情感的人。

✧

常常，你只是為了告訴自己一些什麼而對他人提問？

✧

假設每個人一輩子最多只能說一定數量的言語，額度用完便只能閉嘴。這會給我們的對話品質帶來什麼影響？

✧

少少的二十六個字母便能組合出繁多的詞彙。你覺得，我們還需要增加多少字母，才足以適切地表達自己的情感？

你如何表達無法用言語表達的事物？

你支持針對幼童實施噪音管制嗎？

小孩 Kinder

小孩是不是用來取代狗的良好替代品？

✧

你為什麼要生育子女？

（一）作為對抗孤獨的保險。
（二）為了取悅太太及她的生物本能。
（三）為了老年時有人幫忙修電腦。
（四）為了國家的育兒津貼及租稅優惠。
（五）因為大家都說，生命的意義在創造宇宙繼起之生命。
（六）基於傳統。
（七）因為自己最好的朋友也有小孩，如果不生小孩，便有可能失去這些朋友。
（八）為了讓自己再度感受童年。
（九）為了有朝一日能夠抱孫子。

✧

如果你有好幾個小孩，你確定自己對每個孩子都付出同樣的愛嗎？

✧

具體而言，與嬰兒相處帶給你什麼感覺？

✧

你願意出多少錢，把個人身教的責任外包？

◇

擁有子女是否為你帶來一定的社會聲譽？在多大程度上？

◇

你曾經因為父母沒有節育而感謝他們？

◇

小孩歸誰所有？

（一）由他們的製造者均分。

（二）宇宙。

（三）國家。

（四）社會。

（五）上帝。

（六）他們自己。

◇

你如何防止子女承繼自己的不良性格？

✧

如果你有小孩，你會羨慕還是嘲笑那些沒有子女的人？

✧

你的子女尚未測試過你的哪些底限？

✧

你尚未測試過你的子女的哪些底限？

✧

假設你是希特勒的母親，你還會愛他嗎？

✧

當你老了，你的子女要照顧你到什麼程度，你才會說：「為他們辛苦是值得的！」

如果你依然是一張白紙，那麼誰該在上頭寫字，
是你，還是別人？

你是誰

Wer sind Sie?

在關於你的說明書中，什麼是不可或缺的？

✧

你喜歡自己的嬰兒照嗎？你喜歡現在的自己嗎？

你是否樂於擁有自己出生之際的記憶？

✧

你的痛處是誰給的？

✧

你是否已經為「尋找自我，但最終可能會讓自己失望」做好了心理準備？

✧

你經常扮演不必指望會得到掌聲的角色嗎？

✧

哪些名牌是你的生活必需品？

✧

你何時會表現出自己最好的一面？
（請以升冪方式排序）
（一）在鏡子前。
（二）在餐桌上。
（三）在塞車的車陣中。
（四）在床上。
（五）在棺材裡。

✧

在追求不適合自己的人生目標時，你的效率如何？

✧

你能否接受，真實的你就如同別人眼中的你？

✧

專家給你的意見，對你而言具有多少價值？

✧

除了自己以外，還有誰知道你的人生夢想？

✧

你的人生夢想能否取信於……

（一）你自己？

（二）他人？

✧

從你頻頻觀察自己的習慣動作，人們是不是可以歸結出以下結論：你覺得自己比推理小說還有意思？

✧

你是否有一個或多個認同方面的問題？

✧

假設你在出生之前可以先試活一下，你還會選擇出生為人嗎？

什麼是不容置疑的？

真理

Wahrheit

你想追求全部的真理嗎？

✧

真理還值得追求嗎？

✧

對誰？

你經常只是為了讓自己的腦袋平靜下來而接受某種觀點，即便連你自己都懷疑這項觀點？

當事實有所改變，你的想法是否也會跟著改變？為何？為何不？

你會不會擔心，某天自己再也無力隱瞞真相，到時候，可能是因為受到大腦病變的影響，一切隱藏的事物都會像具有腐蝕性的酸液一般，不經過濾便從你的腦袋流出？

沒有人完全了解這個世界，包括政治人物、科學家，甚至就連你自己也不理解，這項推測會讓你感到鬱卒？

你選擇懷抱許多微小的希望，還是抱持一個大的希望？

✧

你的希望是如何消失的？

（一）它們就像過熱的核反應爐一樣爆炸。

（二）它們就像肥皂泡泡一樣破掉。

（三）它們就像一塊肉被酸腐蝕。

（四）它們就像幾個月沒打氣的輪胎一樣，慢慢扁掉。

✧

你願意接受哪方面的真相？

（一）與你喜歡的人有關的真相。

（二）與你不喜歡的人有關的真相。

✧

你覺得，哪些確定了的事，或許讓它們一直保持模糊還比較好？

✧

萬一你的信念紙牌屋垮了，你會沿用舊的紙牌，或用新的紙牌再把屋子搭蓋起來？

✧

為了維持一個大的幻象，至少需要多少小的真相？

✧

哪些幻象是你自己刻意經營的？

股市

Börse

你比較容易受什麼影響？生活建議或股市建議？

假設我們可以像投資股票那樣投資人，你會想要投資哪個朋友？

✧

一分鐘對你而言值多少？

如果你被任命為某大銀行的董事會發言人，你是否覺得，自己在這個職位上所獲得的薪水是合理的？如果你覺得不合理，你還會接受它嗎？為什麼？

✧

如果有家企業（業主是幾位全球知名的基金經理）對外宣稱，從此不再單純地追求利潤，要以更遠大的理想為目標，你覺得這樣的目標是體現了誰的意志？你是否會認真看待這樣的目標？

✧

假設你先在股市裡賺了數百萬歐元，後來又全部賠光，跟以前相比，你覺得：（一）沒什麼差別，（二）比以前好，（三）比以前糟？

✧

讓全知的上帝擔任你的財產經理人是不是個好主意？或者你會擔心祂根據道德原則來投資你的金錢？

✧

如果你的股票經紀有辦法投資外星球的股市，你會開心嗎？

✧

假設你的婚姻是家上市公司，你會不會推薦自家的股票？

✧

LBO、CDO、LIBOR、FX、EPS、DJIA、EBIT、DAX，這些是……

（一）精神病患者的囈語。
（二）字母湯的料。
（三）寶寶用字母積木堆出來的作品。
（四）大多數人尚無法破解的密語詞彙。

✧

你的收入及生活品質中的哪些部分，是因為你出生在這個國家，而非其他貧窮國家才能擁有的？你會不會因此覺得自己虧欠了國家？或者你認為自己其實是虧欠了那些出生於貧窮國家的人？

你的心情有多常伴隨著股市起舞？

你的穿著品味是否影響了你的思考方式？

流行 Mode

如果你的丈夫／妻子突然變得很會穿著打扮，你會不會覺得哪裡怪怪的？

✧

有沒有什麼人，你只是因為不喜歡他的穿著品味而討厭他？

你的穿著品味最能反映出下列何者？

（一）你現在的個性。
（二）你未來的個性。
（三）你的收入。
（四）你的出身／社會階級。
（五）你丈夫／妻子的品味。

你喜歡追求時尚嗎？如果是的話，你願意公開承認這一點嗎？

假設戴假髮再一次變成全球流行的風潮，就像路易十四（Louis XIV）那個時代一樣，你有把握自己絕對不會跟流行嗎？

你會不會希望，上帝不僅根據你的善心，還根據你的穿著品味來審判你？

✧

你能不能分辨出名牌包的真偽？

✧

你覺得穿戴真名牌的人比買仿冒品的人更可靠？

✧

有沒有什麼衣物，雖然不會再穿，可是基於情感的因素，你一直捨不得丟掉？

✧

如果你不必外出，會不會穿得邋遢一點？

✧

你落後當前的時尚多少年／月／週／日？

✧

最新流行的叫喊聲要大到什麼程度，你才會跟從？

✧

穿著十分體面地躺在棺材裡，這對你而言有多重要？

✧

相較於尋找人生伴侶，你是不是比較懂得怎麼穿著打扮？

雇用與解雇

Einstellen und entlassen

如果可能的話，你會不會雇用你的上司？

✧

人們必須多常汰換員工，才能節省培訓團隊的經費？

✧

你是否會雇用明顯比你聰明的員工？

明顯比你聰明的人會選擇雇用你嗎？

✧

你如何確保，比你優秀的下屬不會威脅到你的職位？

✧

如果面試才剛開始幾分鐘，你就知道自己不會雇用這個人，你會禮貌性地讓面試繼續進行多久？

✧

你的團隊是由多少不適任的人所組成？

✧

你有把自己也算進去嗎？

✧

為了縮短性別差距，在你的部門裡，你會偶爾讓女性以陪睡來換取升遷嗎？

只在例外的情況下讓男性也能以陪睡換取升遷，這樣是否公平？

✧

你花了多少上班時間在找工作上頭，包括瀏覽求職網站、美化自己的履歷、與獵頭族通電話等等？

✧

辭職的時候，你會不會偷偷祈禱這家公司在你離開後經營每下愈況？為什麼？

✧

如果按個按鈕就可以解雇員工，完全不需要經歷惱人的面談過程，哪些員工早就被你給炒了？

✧

有沒有哪個員工，你之所以沒有開除他，是因為他知道你某些不可告人的祕密？

你完全不想知道上司哪一部分的私生活？

希望與恐懼

Hoffnungen und Ängste

隨著年齡的增長，你的願望是變大還是縮小？

如果某個情況是我們可以改變的，那麼我們需要的就不是希望，而是行動；如果某個情況是我們無法改變的，那麼我們同樣不需要希望。如此一來，希望對我們究竟有何用處？

在一個沒有希望的世界裡，失望難道不會比較少嗎？

✧

在什麼情況下，你會希望自己被誤解？

✧

自知無法實現的希望，對你而言還具有多少價值？

✧

你會不會把恐懼視為內心財富的一部分？

✧

你希望擁有許多小的恐懼，還是擁有一個大的恐懼？

✧

假設人們要為你樹立一座紀念雕像，你想擺出什麼永垂不朽的姿勢？

（一）勝利的姿勢。

（二）希望的姿勢。
（三）恐懼的姿勢。
（四）沉思的姿勢。
（五）聳肩的姿勢。

✧

假設你和喬瑟夫．K.（Josef K.）一樣，某天早晨在沒有具體理由的情況下遭人逮捕。逮捕你的人沒有搞錯，你就是他們要抓的對象。第一個鑽進你腦子裡的被捕理由會是什麼？

✧

如果你遭到國際性的全面通緝，你會躲到哪裡去？

✧

哪些你隨身攜帶的恐懼是：
（一）有理由的？
（二）被誇大的？

（三）莫須有的？

有什麼是你應該害怕，可是你卻不覺得恐懼的？

✧

你有多常視而不見警告標示所示警的危險？

✧

你會服用什麼藥物以抑制驚人持久的樂觀態度？

✧

靈魂
Seele

如果一年後能以半價買回，你會用多少價格出賣自己的靈魂？

請你定義靈魂的意義。

◇

什麼旋律最適合你靈魂的現狀？

你有多重視靈魂的整潔外觀？

✧

你會將自己視為善於管理個人情感的經理嗎？

✧

暗自竊笑與放聲大笑，你在做哪個動作時比較誠實？

✧

你的靈魂還能承受多少情感？還是你的靈魂已經滿載了？

✧

對於那些沒有神經系統的生物，例如被砍倒的樹木，你有多同情它們？

✧

你對石頭有什麼同理心嗎？

如果可以透過一項提升心靈效率的計畫，移除自己的某種情感，你會移除哪一種？

✧

如果你的靈魂著涼了，你要如何溫暖那冷得發抖的靈魂？

✧

你的靈魂是否容易受外界爭論所影響？

✧

對你的心來說，你是不是一位好主人？

✧

你有多常提及自己靈魂的傷痕？

✧

走在自己內心的深淵，你腳下那根繩索有多細？

✧

你有時難以控制自己的情感，這是一種具有豐富精神生活的表現，或凸顯了你拙劣的思考能力？

✧

迷路的靈魂會發生什麼事？

如果死後世界的對面還有另一個死後的世界，死後的世界這種觀念會不會更有吸引力？

Jenseits
死後的世界

你期待死後的世界至少要有什麼基本設施？

✧

你認為，在你過世後，人們會懷念你多久？請用天數計算。

✧

就算無法帶走自己的財產，你是否希望，至少可以將自己生前所學會的各種能力帶到死後的世界？或者「一切必須從頭來過」反而會讓你感到安心？

✧

那些年紀比你小卻死得比你早的人，在死後的世界，他們的年紀會比你大嗎？

✧

如果在你死後，你只能眼睜睜地從外部看著這個世界的熙熙攘攘，卻無法在其中扮演任何角色，你會不會很難過？

✧

作為一個會踩死螞蟻的人，你會不會擔心螞蟻在下輩子來索命報復，或是你下輩子可能變成螞蟻？

✧

在臨終前五分鐘，人們經常會為自己的一生做個總結。但如果死亡瞬間即至，結算出什麼結果又有什麼重要的？

如果你就是覺得結果很重要，那麼你認為，此生總結的結果會是你所樂見的嗎？如果你沒有那麼篤定，為什麼寧可冒著將人生終點搞砸的風險也要結算呢？換句話說：幹嘛不現在就結算，然後把人生的最後五分鐘保留給一些美好的事物？還是說，從現在開始，一直到你臨終前，你希望你的結算結果在這段時間中能有顯著的改善？但你要如何說明自己的這份希望是有憑有據的？

✧

接受最後審判的時候，你希望能透過網路直播，讓親朋好友們全程參與嗎？或者只需要自己的公關顧問出席就夠了？如果你是政治人物，你希望記者能夠在場嗎？

✧

為了增加自己在死後受人懷念的長度與強度，你會採取哪些措施？

✧

你有多常在邀請某人的同時，卻又希望對方能夠婉拒你的邀約？

訪客
Gäste

請你離開與請你留下，哪個讓你感覺比較不舒服？

✧

當你收到無聊人士的邀請，你最喜歡拿來當藉口，好提早離開的說詞是什麼？

如果別人忘了你的名字，你會因此感到失落嗎？或者，因為你自己也經常忘記別人的名字，就覺得這沒有什麼大不了的？

✧

如果你發現自己與客人的意見不謀而合，你會為此感到高興，還是為此感到困擾？

✧

對你而言，獨處與身在社交場合，像是應酬或受邀參加聚會等等，哪個比較無聊？

✧

如果主人為你親自下廚，可是煮出來的菜餚實在不怎麼可口，你會禮貌性地稱讚主人的廚藝，還是謊稱胃不舒服、沒有胃口？

✧

有沒有哪些客人，你之所以邀請他們，只是為了要向其他訪客證明你交友廣闊？

你有多喜歡那些想要討你喜歡的客人？

✧

如果客人對你的狗比對你還要友善，你會覺得嫉妒？

✧

你希望自己永遠不會被認識的哪些人邀請？

✧

你覺得自己是這個世界的客人嗎？如果是，你的行為舉止是否符合客人應有的樣子？

✧

你會如何暗示你的客人，今晚的宴會已經結束？或者其實是你的客人會暗示你，今晚的宴會已經結束？

✧

有沒有哪些家族成員，如果他們不是你的家族成員，你絕不會邀請他們？

地位

Status

你的地位與地位代表的意義之間有多大的差距需要彌補？

你願意放棄多少現世地位，藉以在死後的世界裡累積地位？

✧

如果你失去了現在的地位，哪些友誼會跟著瓦解？

✧

請你描述一個完美的日子。在這個日子裡，出現了哪些名牌？

你會同情那些開的車比你的車還爛的人？

如果你失去了抓地力，你會責怪自己的雙腳還是地面？

你與誰的合照最能提升自己的地位？

如果以你的名字為月球上的某個火山口命名，你覺得這要花多少錢？

你的地位有多少比例是取決於你的職位（老闆的頭銜、組織裡的層級或職務等等），又有多少比例是取決於你的人格？換句話說：那些在你去職後便不會再獲得的邀請，在所有邀請中所占比例有多高？

你目前的伴侶是否是種地位象徵？

✧

你的地位為你的伴侶帶來正面還是負面的影響？

✧

足夠的地位象徵可以適切地彰顯你的社會地位，你認同這個說法嗎？

✧

你無法賦予自己社會地位，它必須取決於他人的判斷，這點是否會讓你感到困擾？

✧

你是否覺得，自己與那些擁有同樣社會地位的人，以特殊的方式相互關聯著？

✧

相較於跨等級的友誼，你是較難，還是比較容易與擁有同樣社會地位的人維持友誼？

在你死後，你會因為喪失「飛行常客」的地位而傷心嗎？

一個人得要多幸福，才不會被視為不幸福？

生活樂趣

Lebensfreude

有鑑於生活中沒有戰爭、沒有饑荒、沒有瘟疫，你要如何解釋自己的生活居然沒有充滿樂趣？

✧

為了能夠感受幸福，一個人必須歷經多少痛苦？為了確實能夠感受幸福，你還欠缺多少痛苦的體驗？

✧

你希望可以透過努力便學會幸福，就像人們藉由努力練習學會演奏樂器？還是你認為，通往幸福的道路應該像錯綜複雜的小徑，人們必須摸索、失足，三不五時迷失在黑暗裡，這樣比較好？為什麼你認為幸福是無法透過練習學會的？

✧

一個普通的幸福時刻會在你身上持續多久時間？一個普通的痛苦時刻又會在你身上持續多久時間？

✧

是否有什麼意志消沉或憂鬱的時刻會讓你感到幸福？如果有，為什麼？

✧

你曾經根據不同的處境為幸福下過多少種定義？

✧

何者該為你的幸福負責？

（一）政治。
（二）伴侶。
（三）老闆。
（四）上帝或神父／牧師。
（五）你的治療師。
（六）你最喜歡的足球隊。
（七）你的子女。
（八）你的狗。
（九）警察。
（十）另有其人，就是：__________。

✧

有沒有什麼書籍，你的人生幸福應該歸功於它們？

✧

幸福的時光與不幸福的時光，你比較容易忘記哪一個？

有沒有哪個人，你希望他不要纏著你，最好離你遠一點，只因為他實在是太幸運了？

✧

下列陳述中，何者最接近你對事物的看法？

（一）重要的事物就像是由不重要事物所構成的汪洋中的一座小島。
（二）不重要的事物就像是由重要事物所構成的汪洋中的一座小島。
（三）根本沒有什麼島，全部都是不重要的事物。
（四）根本沒有什麼島，全部都是重要的事物。

✧

什麼動物物種比其他的動物更幸福？

✧

你破壞自己幸福的主要策略為何？

✧

吞一顆維他命可以增加幾分鐘的生命？

健康
Gesundheit

更健康或更幸福，你選哪一個？

✧

你必須為某些事情（例如明白事理、擁有堅強的個性、與虛情假意的朋友絕交等等）而感謝哪些疾病？

你的疾病史與你的健康史，哪一個讀起來比較有趣？

✧

健康的彼岸還存在著更健康嗎？換言之，那將是一種完全無懼於病痛的狀態。

✧

你通常都在什麼地方獲得你在健康方面的抗原？

✧

好的醫師應該……

✧

（一）能應我的要求開立假單。
（二）不用排隊等很久。
（三）坦率地告訴我實情。
（四）對我隱瞞實情。
（五）經常參加各種研討會。
（六）會使用拉丁文詞彙，牆上還掛滿證書。
（七）不用我眨眼暗示，就會主動開威而剛給我。

如果祈禱一小時所能產生的效果，跟你每天服用藥丸的效果相同，你會花時間祈禱，還是覺得吃藥比較有效率？

✧

以自身經驗為例，你知不知道有什麼藥品的副作用大於它的療效？

✧

在談論你的什麼想法時，別人的看法可能和你一致？

✧

你會想知道自己感染了什麼致死的病症嗎？但因為你會先死於其他原因，所以這些病症永遠不會爆發。

✧

你如何以心理學的觀點來評斷某些疾病的病名，例如癌症、流感、腰部風濕痛、黑死病、膿腫、佝僂病、黃疸、中風等等？

✧

為什麼生病的動物那麼少，生病的人卻那麼多？

世代

Generationen

你和其他世代的人有多大的隔閡？

如果你請某位晚輩用「你」來稱呼你，你覺得這個「你」會是……

（一）你贈與這位晚輩的某種禮物？

（二）為了與晚輩打成一片所必須付出的代價？

（三）一種詭計，以避免晚輩搶在你前面請求以「你」相稱？

人們還會認真看待你嗎？或者你早就已經在為此奮鬥？

✧

你期待變老嗎？

✧

為什麼？

✧

如果老師要求學生必須拜訪老人院，還要唱歌給老人們聽，你最同情的是學生、老師，還是老人？

✧

你現在的歲數已經遠遠超越我們祖先的平均壽命，這點會不會讓你感到困擾？

✧

你從幾歲開始放棄了自己還會為人所發掘的念頭？

✧

你想過要藉著與其他世代的人上床來跨越世代差異？

✧

隨著年齡增長，你會變得更加圓滑或更剛硬？你是否會將更圓滑或更剛硬視為某種進步？

✧

你是否期待能在老年時擁有如樹木般的「恐懼綻放」，也就是在最後的奮力一搏、對生命不羈的熱情、在臨終前完全傾瀉而出的活力？

✧

隨著年齡增長，你覺得自己愈來愈自由，因為你所犯的錯誤再也不會對你的人生帶來長遠的影響？

你期望老化的現象不要偷偷摸摸地來，而是一次性地驟然顯現，如此一來，在每年的大年初一，你就獲得了一整年的老化痛苦，在接下來的一年裡，完全不必擔心會有任何老化的情況？

✧

如果今天就能買到你自己的最新版傳記電子書，你會不會去下載一本？

生活對於我日後的實踐很有益處。

（完全不正確／有點不正確／一半一半／有點正確／完全正確）

檢驗問題集

Check-out-Fragebogen

請你以一（非常差）到六（非常好）的分數來評價人生：

（一）專業的迎賓。

（二）對於基礎設施的清楚說明。

（三）休息的長度與頻率。

（四）周遭人們的友善程度。
（五）周遭人們的組成。
（六）空間的乾淨與整齊。
（七）食物的品質。
（八）內容的實用性。

✧

形塑人生的方式是否有助於你理解人生？

✧

我對人生這項主題感興趣。
（完全不感興趣／不太感興趣／有點感興趣／非常感興趣）

✧

人生是根據某個清楚的大綱在運行，這樣的人生既良好又一目了然。
（完全不正確／有點不正確／一半一半／有點正確／完全正確）

✧

上帝有計畫地干預了我即興的行為與發言。
（完全正確／有點正確／有點不正確／完全不正確）

✧

上帝針對我的貢獻給予很有助益的反饋。
（完全沒有／很少／偶爾／經常／總是）

✧

在人生中，所獲得的知識會提升我的工作能力。
（完全不正確／有點不正確／一半一半／有點正確／完全正確）

✧

人生中真正重要的事太少被凸顯。
（完全正確／有點正確／有點不正確／完全不正確）

✧

由於時間不夠，無法對各個主題做更深入的討論。

（完全正確／有點正確／有點不正確／完全不正確）

✧

大量的干擾阻礙你去過有效率的生活。

（完全不正確／有點不正確／一半一半／有點正確／完全正確）

✧

有足夠的時間可以休息或靜養。

（完全不正確／有點不正確／一半一半／有點正確／完全正確）

✧

我現在對人生有更清楚的認識。

（完全不正確／有點不正確／一半一半／有點正確／完全正確）

✧

我的許多問題依然懸而未決。

（完全不正確／有點不正確／一半一半／有點正確／完全正確）

你有多常錯過？

請選擇導致你經常錯過的原因：

（一）題材不吸引人。

（二）參與者不吸引人。

（三）無法配合活動時間。

（四）理論性的讀物已足夠。

✧

總體來說，我在人生當中學到的：

（一）非常少。

（二）少。

（三）有點少。

（四）有點多。

（五）多。

（六）非常多。

✧

你有改善的建議嗎？
如果空間不夠，你不妨使用另一本小冊子作答。

✧

就整體而言，我會推薦其他人的人生。（是／否）

✧

你來世的聯絡方式。（諮詢用）

✧

謝詞
Dank

我要感謝柯尼・葛畢斯托夫（Koni Gebistorf）多次不辭辛勞地反覆閱讀、評註、評價與改善這些問題。我要感謝「Diogenes」出版社的編輯烏蘇拉・鮑姆豪爾（Ursula Baumhauer），為本書做了嚴格的校對與最終的潤飾。我還要感謝親愛的湯瑪斯・宣克（Thomas Schenk）與親愛的休休・胡芬納（Schoscho Rufener），在人生目標、希望與幸福等主題（其中有部分問題也是由此導出），他們帶給了我許多頗具啟發性的探討。本書所收錄的大部分問題都曾刊登於《明星》週刊（*Stern*）每週一次的專欄中。我要感謝週刊主編多明尼克・維希曼（Dominik Wichmann）

與代理主編克里斯多夫・柯赫（Christoph Koch）既體貼、又專業的合作。琉森交響樂團（Lucerne Symphony Orchestra）的導演努瑪・畢梭夫（Numa Bischof）提出一個瘋狂的想法，將本書的一些問題集搬上了舞台（由年輕的鋼琴演奏家蘇菲・帕希尼〔Sophie Pacini〕伴奏）。在此我想對這兩位才華洋溢的藝術家致上誠摯的謝意。而我最想感謝的人，莫過於我的妻子碧娜（Bine），本書的許多問題其實都出自於她，其他的問題則多半是我們晚間在琉森（Luzern）散步時一起想到的。我們的一對雙胞胎寶寶，努瑪（Numa）與艾維（Avi），也為本書貢獻良多，因為我總是可以拿他們當擋箭牌，在遲交手稿時，作為取信於出版社的好理由。

魯爾夫・杜伯里（Rolf Dobelli）

國家圖書館出版品預行編目資料

向人生提問的藝術 / 魯爾夫. 杜伯里（Rolf Dobelli）著；王榮輝譯. -- 二版. -- 臺北市：商周出版：城邦文化事業股份有限公司出版；英屬蓋曼群島商家庭傳媒股份有限公司城邦分公司發行, 2025.07

面；　公分

譯自：Fragen an das Leben

ISBN 978-626-390-580-1（平裝）

1. 人生哲學　2. 生活指導

191.9　　114007651

向人生提問的藝術

原著書名 / Fragen an das Leben
作　　者 / 魯爾夫．杜伯里（Rolf Dobelli）
譯　　者 / 王榮輝
企畫選書 / 林宏濤
責任編輯 / 楊如玉、陳名珉、陳薇

版　　權 / 吳亭儀、游晨瑋
行銷業務 / 林詩富、周丹蘋
總 經 理 / 彭之琬
發 行 人 / 何飛鵬
法律顧問 / 台英國際商務法律事務所　羅明通律師
出　　版 / 商周出版
115台北市南港區昆陽街16號4樓
電話：(02) 2500-7008　傳眞：(02) 2500-7759
E-mail：bwp.service@cite.com.tw
發　　行 / 英屬蓋曼群島商家庭傳媒股份有限公司城邦分公司
115台北市南港區昆陽街16號8樓
書虫客服專線：(02) 2500-7718；(02) 2500-7719
24小時傳眞專線：(02) 2500-1990；(02) 2500-1991
服務時間：週一至週五上午09:30-12:00；下午13:30-17:00
劃撥帳號：19863813　戶名：書虫股份有限公司
E-mail：service@readingclub.com.tw
歡迎光臨城邦讀書花園　網址：www.cite.com.tw
讀者服務信箱E-mail：cs@cite.com.tw
香港發行所 / 城邦（香港）出版集團有限公司
香港九龍土瓜灣土瓜灣道86號順聯工業大廈6樓A室
E-mail：hkcite@biznetvigator.com
電話：(852) 25086231　傳眞：(852) 25789337
馬新發行所 / 城邦（馬新）出版集團　Cité (M) Sdn. Bhd.
41, Jalan Radin Anum, Bandar Baru Sri Petaling,
57000 Kuala Lumpur, Malaysia.
電話：(603) 90563833　傳眞：(603)90576622
E-mail：cite@cite.com.my

封面設計 / A+ Design
排　　版 / 豐禾設計工作室
印　　刷 / 韋懋實業有限公司

■2025年7月二版一刷　　Printed in Taiwan

定價 / 330元

ISBN 9786263905801
ISBN 9786263905863 (EPUB)

城邦讀書花園
www.cite.com.tw

廣	告	回	函
北區郵政管理登記證			
台北廣字第 000791 號			
郵資已付，免貼郵票			

115 台北市南港區昆陽街 16 號 8 樓

英屬蓋曼群島商家庭傳媒股份有限公司

城邦分公司

請沿虛線對摺，謝謝！

書號：BK5105X　**書名**：向人生提問的藝術　**編碼**：

請於此處用膠水黏貼

商周出版

讀者回函卡

感謝您購買我們出版的書籍！請費心填寫此回函卡，我們將不定期寄上城邦集團最新的出版訊息。

不定期好禮相贈！
立即加入：商周出版
Facebook 粉絲團

姓名：＿＿＿＿＿＿＿＿＿＿ 性別：□男 □女

生日：西元＿＿＿＿年＿＿＿＿月＿＿＿＿日

地址：＿＿＿＿＿＿＿＿＿＿

聯絡電話：＿＿＿＿＿＿＿＿ 傳真：＿＿＿＿＿＿＿＿

E-mail ：

學歷：□ 1. 小學 □ 2. 國中 □ 3. 高中 □ 4. 大學 □ 5. 研究所以上

職業：□ 1. 學生 □ 2. 軍公教 □ 3. 服務 □ 4. 金融 □ 5. 製造 □ 6. 資訊

□ 7. 傳播 □ 8. 自由業 □ 9. 農漁牧 □ 10. 家管 □ 11. 退休

□ 12. 其他＿＿＿＿＿＿＿＿

您從何種方式得知本書消息？

□ 1. 書店 □ 2. 網路 □ 3. 報紙 □ 4. 雜誌 □ 5. 廣播 □ 6. 電視

□ 7. 親友推薦 □ 8. 其他＿＿＿＿＿＿＿＿

您通常以何種方式購書？

□ 1. 書店 □ 2. 網路 □ 3. 傳真訂購 □ 4. 郵局劃撥 □ 5. 其他＿＿＿＿

您喜歡閱讀那些類別的書籍？

□ 1. 財經商業 □ 2. 自然科學 □ 3. 歷史 □ 4. 法律 □ 5. 文學

□ 6. 休閒旅遊 □ 7. 小說 □ 8. 人物傳記 □ 9. 生活、勵志 □ 10. 其他

對我們的建議：＿＿＿＿＿＿＿＿

＿＿＿＿＿＿＿＿

＿＿＿＿＿＿＿＿

【為提供訂購、行銷、客戶管理或其他合於營業登記項目或章程所定業務之目的，城邦出版人集團（即英屬蓋曼群島商家庭傳媒（股）公司城邦分公司、城邦文化事業（股）公司），於本集團之營運期間及地區內，將以電郵、傳真、電話、簡訊、郵寄或其他公告方式利用您提供之資料（資料類別：C001、C002、C003、C011 等）。利用對象除本集團外，亦可能包括相關服務的協力機構。如您有依個資法第三條或其他需服務之處，得致電本公司客服中心電話 02-25007718 請求協助。相關資料如為非必要項目，不提供亦不影響您的權益。】

1.C001 辨識個人者：如消費者之姓名、地址、電話、電子郵件等資訊。
2.C002 辨識財務者：如信用卡或轉帳帳戶資訊。
3.C003 政府資料中之辨識者：如身分證字號或護照號碼（外國人）。
4.C011 個人描述：如性別、國籍、出生年月日。

請於此處用膠水黏貼

你自己刻意經營的？

心的人是愈好的人嗎？

你絕不會有哪些想法？

與人生對話 / 手記

假設你是希特勒的母親，你還會愛他嗎？

你是用肚子還是腦袋來決定自己究竟該用肚子還是腦袋做決定？

在工作上，權力解決了什麼問題？

你期待死後的世界會有什麼以客為尊的服務？

愛情對你而言是否是種可再生能源？

如果今天就能買到你自己的最新版傳記電子書，你會不會去下載一本？

在什麼情況下，你會希望自己被誤解？

對你來說，有趣的朋友與有趣的敵人，哪一個的數量比較多？

從上帝從不主動現身這件事來看，你會如何評價祂的社交能力？

如果你遭到國際性的全面通緝，你會躲到哪裡去？

你寧可多說話還是多保持沉默？

一般來說，在被其他想法取代之前，一個念頭會在你的腦海裡盤踞多久？

有多少自認為幸福的人確實幸福？

穿著十分體面地躺在棺材裡，這對你而言有多重要？

你有什麼值得別人為你豎碑紀念的理由？

你會不會擔憂自己下輩子還得碰上人際關係的難題？

你要如何說服上帝，好讓祂允許你的人生能晚一點退房？

______ 年 ______ 月 ______ 日

人生問了這麼一個問題：

我對人生如是說：

生活是一面鏡子，我們努力追求的第一件事，就是從中辨認出自己。——尼采

留存

人生的紀念品

電影票根、浮雲照片、一片落葉……只要曾帶來些許心情觸動，便是人生給予的紀念，值得悉心珍藏。

_____年_____月_____日

人生問了這麼一個問題：

我對人生如是說：

每一天皆應當且必須具有意義，而且應當出自意外，而非我本身。——里爾克

留存

人生的紀念品

電影票根、浮雲照片、一片落葉……只要曾帶來些許心情觸動，便是人生給予的紀念，值得悉心珍藏。

_____ 年 _____ 月 _____ 日

人生問了這麼一個問題：

我對人生如是說：

人生的價值並不是用時間，而是用深度去衡量的。──托爾斯泰

留存
人生的紀念品

電影票根、浮雲照片、一片落葉……只要曾帶來些許心情觸動，便是人生給予的紀念，值得悉心珍藏。

_____ 年 _____ 月 _____ 日

人生問了這麼一個問題：

我對人生如是說：

生活本身就是目標，生活本身就是目的。——蒙田

留存
人生的紀念品

電影票根、浮雲照片、一片落葉……只要曾帶來些許心情觸動，便是人生給予的紀念，值得悉心珍藏。

______年______月______日

人生問了這麼一個問題：

我對人生如是說：

他覺得：自己之所以道路受阻，是因為他活著。但正因為道路受阻，他才得以證明他活著。

——卡夫卡

留存

人生的紀念品

電影票根、浮雲照片、一片落葉……只要曾帶來些許心情觸動，便是人生給予的紀念，值得悉心珍藏。

______ 年 ______ 月 ______ 日

人生問了這麼一個問題：

我對人生如是說：

盡力尋找適合自己的生活方式，即便那會耽誤你所有該盡的「責任」。——赫塞

留存
人生的紀念品

電影票根、浮雲照片、一片落葉……只要曾帶來些許心情觸動，便是人生給予的紀念，值得悉心珍藏。

______ 年 ______ 月 ______ 日

人生問了這麼一個問題：

我對人生如是說：

我們賴以生存的依據總是無以言喻的法則。——里爾克

留存
人生的紀念品

電影票根、浮雲照片、一片落葉……只要曾帶來些許心情觸動，便是人生給予的紀念，值得悉心珍藏。

______ 年 ______ 月 ______ 日

人生問了這麼一個問題：

我對人生如是說：

人們可支配自己的命運，若受制於人，錯不在命運，而在我們自己。——莎士比亞

留存
人生的紀念品

電影票根、浮雲照片、一片落葉……只要曾帶來些許心情觸動，便是人生給予的紀念，值得悉心珍藏。

______ 年 ______ 月 ______ 日

人生問了這麼一個問題：

我對人生如是說：

生活好比旅行，理想是旅行的路線，失去了路線，只好停止前進。
生活沒了目的，精力也將枯竭。——雨果

留存
人生的紀念品

電影票根、浮雲照片、一片落葉……只要曾帶來些許心情觸動，便是人生給予的紀念，值得悉心珍藏。

_____ 年 _____ 月 _____ 日

人生問了這麼一個問題：

我對人生如是說：

不要把生命看得太嚴肅，反正我們不會活著離開。——福特

留存

人生的紀念品

電影票根、浮雲照片、一片落葉……只要曾帶來些許心情觸動，便是人生給予的紀念，值得悉心珍藏。

______ 年 ______ 月 ______ 日

人生問了這麼一個問題：

我對人生如是說：

強烈的希望，比任何一種已實現的快樂，對人生具有更大的激勵作用。——尼采

留存
人生的紀念品

電影票根、浮雲照片、一片落葉……只要曾帶來些許心情觸動，便是人生給予的紀念，值得悉心珍藏。

_____ 年 _____ 月 _____ 日

人生問了這麼一個問題：

我對人生如是說：

人生就是不停的轉向，根本沒有機會不容思考他要脫離的是什麼東西。——卡夫卡

留存
人生的紀念品

電影票根、浮雲照片、一片落葉……只要曾帶來些許心情觸動，便是人生給予的紀念，值得悉心珍藏。

______ 年 ______ 月 ______ 日

人生問了這麼一個問題：

我對人生如是說：

人生不是一種享樂，而是一樁十分沉重的工作。——托爾斯泰

留存

人生的紀念品

電影票根、浮雲照片、一片落葉……只要曾帶來些許心情觸動，便是人生給予的紀念，值得悉心珍藏。

______ 年 ______ 月 ______ 日

人生問了這麼一個問題：

我對人生如是說：

人生就好像是回力鏢一樣，你投擲出的是什麼，收到就是什麼。——卡內基

留存
人生的紀念品

電影票根、浮雲照片、一片落葉……只要曾帶來些許心情觸動，便是人生給予的紀念，值得悉心珍藏。

______ 年 ______ 月 ______ 日

人生問了這麼一個問題：

我對人生如是說：

每種生活都是對的，它們都是生活的片段。——赫塞

留存

人生的紀念品

電影票根、浮雲照片、一片落葉……只要曾帶來些許心情觸動，便是人生給予的紀念，值得悉心珍藏。

______ 年 ______ 月 ______ 日

人生問了這麼一個問題：

我對人生如是說：

世界上真正有價值的事物，需要熱情和犧牲才能完成。──史懷哲

留存

人生的紀念品

電影票根、浮雲照片、一片落葉……只要曾帶來些許心情觸動，便是人生給予的紀念，值得悉心珍藏。

_____ 年 _____ 月 _____ 日

人生問了這麼一個問題：

我對人生如是說：

為了在生活中努力發揮自己的作用，熱愛人生吧。──羅丹

留存
人生的紀念品

電影票根、浮雲照片、一片落葉……只要曾帶來些許心情觸動，便是人生給予的紀念，值得悉心珍藏。

______ 年 ______ 月 ______ 日

人生問了這麼一個問題：

我對人生如是說：

一切日常的與平淡無奇的事物，假如一起發生在一個人身上的話，就變成了命運。——里爾克

留存

人生的紀念品

電影票根、浮雲照片、一片落葉……只要曾帶來些許心情觸動，便是人生給予的紀念，值得悉心珍藏。

______ 年 ______ 月 ______ 日

人生問了這麼一個問題：

我對人生如是說：

生命像一股激流，沒有岩石和暗礁，就激不起美麗的浪花！——羅曼・羅蘭

留存
人生的紀念品

電影票根、浮雲照片、一片落葉……只要曾帶來些許心情觸動，便是人生給予的紀念，值得悉心珍藏。

_____ 年 _____ 月 _____ 日

人生問了這麼一個問題：

我對人生如是說：

生活，就是知道自己的價值，明白自己所能做到的與所應做到的。——雨果

留存

人生的紀念品

電影票根、浮雲照片、一片落葉……只要曾帶來些許心情觸動，便是人生給予的紀念，值得悉心珍藏。

____ 年 ____ 月 ____ 日

人生問了這麼一個問題：

我對人生如是說：

生命沒有初級班，每個人總得即刻面對最艱鉅的挑戰。——里爾克

留存
人生的紀念品

電影票根、浮雲照片、一片落葉……只要曾帶來些許心情觸動，便是人生給予的紀念，值得悉心珍藏。

_____ 年 _____ 月 _____ 日

人生問了這麼一個問題：

我對人生如是說：

每一個不曾起舞的日子，都是對生命的辜負！——尼采

留存
人生的紀念品

電影票根、浮雲照片、一片落葉……只要曾帶來些許心情觸動，便是人生給予的紀念，值得悉心珍藏。

______ 年 ______ 月 ______ 日

人生問了這麼一個問題：

我對人生如是說：

輝煌的人生，不在於長久不敗，而是在於不怕失敗。——拿破崙

留存
人生的紀念品

電影票根、浮雲照片、一片落葉……只要曾帶來些許心情觸動，便是人生給予的紀念，值得悉心珍藏。

_____ 年 _____ 月 _____ 日

人生問了這麼一個問題：

我對人生如是說：

有思想，也有憂傷和理想，這才是生活。——杜斯妥也夫斯基

留存
人生的紀念品

電影票根、浮雲照片、一片落葉……只要曾帶來些許心情觸動，便是人生給予的紀念，值得悉心珍藏。

______ 年 ______ 月 ______ 日

人生問了這麼一個問題：

我對人生如是說：

我相信，生命能否有意義並非我的責任，但是如何安排好我自己唯一的人生，這個責任則在我肩上。——赫塞

留存
人生的紀念品

電影票根、浮雲照片、一片落葉……只要曾帶來些許心情觸動，便是人生給予的紀念，值得悉心珍藏。

______ 年 ______ 月 ______ 日

人生問了這麼一個問題：

我對人生如是說：

人生最終的價值在於覺醒和思考的能力，而不只在於生存。——亞里斯多德

留存

人生的紀念品

電影票根、浮雲照片、一片落葉……只要曾帶來些許心情觸動，便是人生給予的紀念，值得悉心珍藏。

____年____月____日

人生問了這麼一個問題：

我對人生如是說：

我們把世界看錯了，反說是世界欺騙我們。──泰戈爾

留存
人生的紀念品

電影票根、浮雲照片、一片落葉……只要曾帶來些許心情觸動，便是人生給予的紀念，值得悉心珍藏。

_____ 年 _____ 月 _____ 日

人生問了這麼一個問題：

我對人生如是說：

沒有省思的人生不值得活。——柏拉圖

留存

人生的紀念品

電影票根、浮雲照片、一片落葉……只要曾帶來些許心情觸動，便是人生給予的紀念，值得悉心珍藏。

______年______月______日

人生問了這麼一個問題：

我對人生如是說：

我們已經走得太遠，以至於忘記為什麼而出發。──紀伯倫

留存
人生的紀念品

電影票根、浮雲照片、一片落葉……只要曾帶來些許心情觸動，便是人生給予的紀念，值得悉心珍藏。

_____ 年 _____ 月 _____ 日

人生問了這麼一個問題：

我對人生如是說：

生命因無人能掌握，故始終保持純粹。——里爾克

留存

人生的紀念品

電影票根、浮雲照片、一片落葉……只要曾帶來些許心情觸動，便是人生給予的紀念，值得悉心珍藏。

_____ 年 _____ 月 _____ 日

人生問了這麼一個問題：

我對人生如是說：

生命不會大張旗鼓地提醒你它流逝得有多快，而是靜悄悄地移動著……——蒙田

留存
人生的紀念品

電影票根、浮雲照片、一片落葉……只要曾帶來些許心情觸動，便是人生給予的紀念，值得悉心珍藏。

______年______月______日

人生問了這麼一個問題：

我對人生如是說：

一個人知道自己為什麼而活，就可以忍受任何一種生活。——尼采

留存
人生的紀念品

電影票根、浮雲照片、一片落葉……只要曾帶來些許心情觸動，便是人生給予的紀念，值得悉心珍藏。

______ 年 ______ 月 ______ 日

人生問了這麼一個問題：

我對人生如是說：

生活中讓我反感的事不會少於我所喜愛的。——赫塞

留存
人生的紀念品

電影票根、浮雲照片、一片落葉……只要曾帶來些許心情觸動，便是人生給予的紀念，值得悉心珍藏。

_____ 年 _____ 月 _____ 日

人生問了這麼一個問題：

我對人生如是說：

生活就像海洋，只有意志堅強的人，才能到達彼岸。——馬克思

留存
人生的紀念品

電影票根、浮雲照片、一片落葉……只要曾帶來些許心情觸動，便是人生給予的紀念，值得悉心珍藏。

______ 年 ______ 月 ______ 日

人生問了這麼一個問題：

我對人生如是說：

命運僅不過是我們本身罷了。——里爾克

留存
人生的紀念品

電影票根、浮雲照片、一片落葉……只要曾帶來些許心情觸動，便是人生給予的紀念，值得悉心珍藏。

_____ 年 _____ 月 _____ 日

人生問了這麼一個問題：

我對人生如是說：

生活是沒有旁觀者的。──歌德

留存

人生的紀念品

電影票根、浮雲照片、一片落葉……只要曾帶來些許心情觸動，便是人生給予的紀念，值得悉心珍藏。

______ 年 ______ 月 ______ 日

人生問了這麼一個問題：

我對人生如是說：

理解生活而且還要熱愛生活。——羅曼・羅蘭

留存

人生的紀念品

電影票根、浮雲照片、一片落葉……只要曾帶來些許心情觸動，便是人生給予的紀念，值得悉心珍藏。

_____ 年 _____ 月 _____ 日

人生問了這麼一個問題：

我對人生如是說：

生命是短暫的，名譽卻永恆不滅。——荷馬

留存
人生的紀念品

電影票根、浮雲照片、一片落葉……只要曾帶來些許心情觸動，便是人生給予的紀念，值得悉心珍藏。

______ 年 ______ 月 ______ 日

人生問了這麼一個問題：

我對人生如是說：

生活在願望之中而沒有希望，是人生最大的悲哀。——但丁

留存
人生的紀念品

電影票根、浮雲照片、一片落葉……只要曾帶來些許心情觸動，便是人生給予的紀念，值得悉心珍藏。

_____ 年 _____ 月 _____ 日

人生問了這麼一個問題：

我對人生如是說：

夢是一小塊的生活。——里爾克

留存
人生的紀念品

電影票根、浮雲照片、一片落葉……只要曾帶來些許心情觸動，便是人生給予的紀念，值得悉心珍藏。

______年______月______日

人生問了這麼一個問題：

我對人生如是說：

人類的生命並不能以時間長短來衡量，心中充滿愛時，剎那即永恆。——尼采

留存

人生的紀念品

電影票根、浮雲照片、一片落葉……只要曾帶來些許心情觸動，便是人生給予的紀念，值得悉心珍藏。

______ 年 ______ 月 ______ 日

人生問了這麼一個問題：

我對人生如是說：

問題不是要讓人解決的，它只是為了讓生命產生必要的張力所需的其中一端而已。——赫塞

留存

人生的紀念品

電影票根、浮雲照片、一片落葉……只要曾帶來些許心情觸動，便是人生給予的紀念，值得悉心珍藏。

______ 年 ______ 月 ______ 日

人生問了這麼一個問題：

我對人生如是說：

把活著的每一天都看作是生命的最後一天。──海倫・凱勒

留存
人生的紀念品

電影票根、浮雲照片、一片落葉……只要曾帶來些許心情觸動，便是人生給予的紀念，值得悉心珍藏。

_____ 年 _____ 月 _____ 日

人生問了這麼一個問題：

我對人生如是說：

每一天皆是生命的開端。每個生命皆是永恆的開端。——里爾克

留存
人生的紀念品

電影票根、浮雲照片、一片落葉……只要曾帶來些許心情觸動，便是人生給予的紀念，值得悉心珍藏。

______ 年 ______ 月 ______ 日

人生問了這麼一個問題：

我對人生如是說：

人生在世，不過是過路的旅客。——托馬斯 · 阿奎那

留存
人生的紀念品

電影票根、浮雲照片、一片落葉……只要曾帶來些許心情觸動，便是人生給予的紀念，值得悉心珍藏。

______ 年 ______ 月 ______ 日

人生問了這麼一個問題：

我對人生如是說：

人生只是短暫的逗留。——柏拉圖

留存
人生的紀念品

電影票根、浮雲照片、一片落葉……只要曾帶來些許心情觸動，便是人生給予的紀念，值得悉心珍藏。

______ 年 ______ 月 ______ 日

人生問了這麼一個問題：

我對人生如是說：

讓人性有意義的，正是那些少數感到困擾而開始尋求生命意義的人。——赫塞

留存

人生的紀念品

電影票根、浮雲照片、一片落葉……只要曾帶來些許心情觸動，便是人生給予的紀念，值得悉心珍藏。